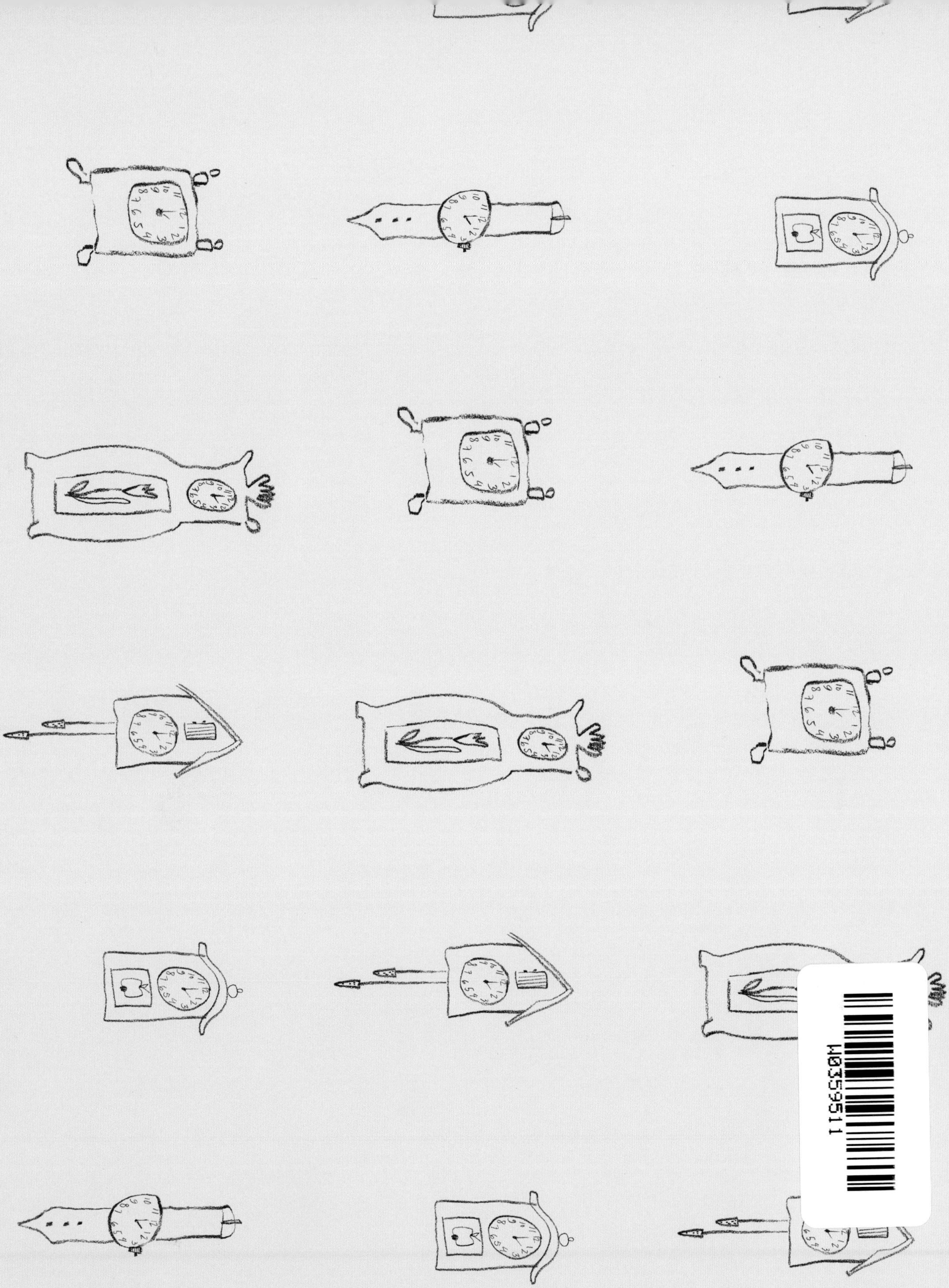

Originalausgabe: LINAS KLOCKBOK

Übersetzung aus dem Schwedischen: Gabriele Haefs, Friederike Buchinger, Bill McCann
Ko-Lektorat: Patricia Frederking

Printed in China

ISBN 978-3-487-08851-8

www. olms-junior.de

LINAS UHREN BUCH

LINA'S BOOK OF HOURS

Margareta Fridén

OLMS

Wenn ich um neun Uhr früh aufsteh,
dann wasch ich mich von Kopf bis Zeh.
Ich schrubbe mein Fell und beide Hände,
und bürste den Schwanz von Anfang bis Ende.
Auch saubere Ohren braucht eine Maus,
dann leere ich schnell meine Waschschüssel aus.

At nine I take my morning bath: each day I wash my toes
And both my hands, and then I scrub my fur from tail to nose.
I brush my whiskers and my ears, put soap and towel away,
Then empty out my little tub: I'm ready for the day.

SURF
BAD

Frühstück für alle gibt's um zehn,
heut lässt sich Henrik Elster sehn.
Es gibt Käse und Mus und süßen Brei,
auch hab ich frisches Brot dabei,
Erdbeeren und Äpfel, Spinat und Wurst,
und leckeren Saft für alle mit Durst.

At ten I serve breakfast to all and sundry: yesterday Karin Snail, Henrik Magpie on Monday
There's porridge and fresh bread to eat, all sorts of cheese and jam that's sweet.
Sausage and spinach, apples and plums, are there for anybody who comes.

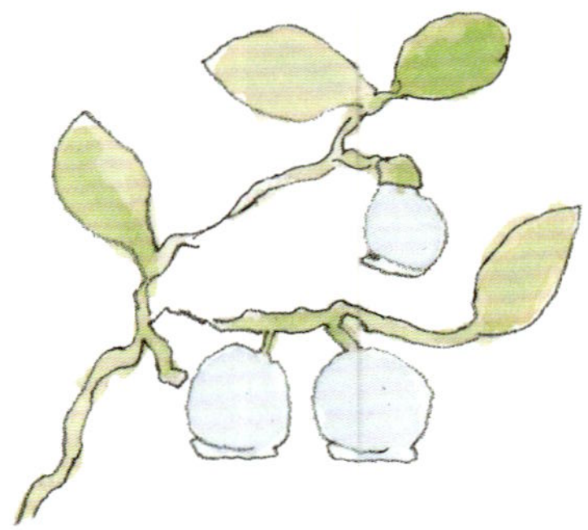

Um elf geht's in den Wald hinaus,
da schüttele ich die Beine aus
und manch ein Baumstumpf oder Stein
lädt mich zu einer Pause ein.
Da sehe ich fleißige Ameisen ziehen
Und höre das eifrige Summen der Bienen.

At eleven o'clock, off I trot and happily through the fields I hop;
And if my legs and feet need rest a tree stump or a rock is best.
I watch the ants stream busily by and hear the bees hum merrily.

Um zwölf Uhr ist dann Essenszeit,
die Schüsseln stehen schon bereit.
Heut gibt es Kohl mit Nussragout,
und frischen Möhrenbrei dazu.
Und zum Nachtisch gibt es – so viel steht fest –
Himbeern mit Sahne, da bleibt kein Rest!

At twelve it's time for something to eat, all kinds of dishes on all kinds of plates.
First cabbage and some hazelnuts and then a stew of fresh-dug roots;
But pudding is my sweetest dream – raspberries with lashings of cream.

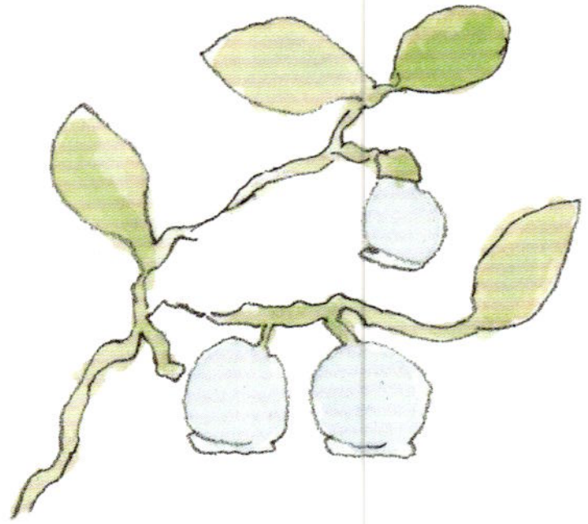

Falln mir um eins fast die Augen zu
Halt ich auf dem Sofa Mittagsruh.
Ich lese von Wichteln und Trollen und Tieren,
die in unserem Wald herumspazieren.
Im Radio erklingt ein Akkordeon-Hit.
Ich nicke im Takt und summe mit!

When the clock strikes one I'm full and sleepy and lie reading upon the settee
About elves and trolls and the creatures so creepy that you meet among pine and fir trees.
The radio plays an accordion song: I nod to the beat and hum happily along.

Wenn die Uhr zwei schlägt, wird der Besen genommen,
kein einziges Staubkorn darf mir jetzt noch entkommen.
Hat eine Wollmaus unter dem Stuhl gelegen,
werd ich sie gleich aus dem Haus rausfegen.
Mein Kleid wird gewaschen und aufgehängt –
bei der Arbeit wird keine Sekunde verschenkt.

When the clock strikes two I put on my pinny and sweep out every nook and cranny,
Beneath the chair, no more dust and mess. Then I wash and iron my spotted dress.
When it's all finished, I take a rest: the record is broken – by a minute at least.

Wenn es drei schlägt, gehe ich zum Markt im Ort,
denn was ich brauche, das finde ich dort.
Ich brauche drei Knöpfe, Seife und Klee
und Heidekraut für einen leckeren Tee.

I take my little basket at three and go to the market on a shopping spree.
On a slip of paper I have my list of all the things to get for me:
Buttons – I need three – a bar of lavender soap, and heather and clover tea.

FÄRSKA ÄGG
25 ÖRE
10 ÖRE
POTATIS 50 ÖRE KG
HAR:
NUNG
ÖNSAKER

Um vier leg ich mich zum Schlafen hin,
weil ich jetzt furchtbar müde bin,
Zuerst höre ich zu, wie die Krähe singt
Und wie der Wind in den Baumwipfeln klingt.
Dann dreh ich mich um, mach die Augen zu,
unter meiner Decke schlaf ich ein im Nu.

I have to have my nap at four or else I get grumpy, you see.
I listen to the wind outside my door and the caws of the crows in the tree.
Then I turn over and start to doze for forty winks under my bedclothes.

 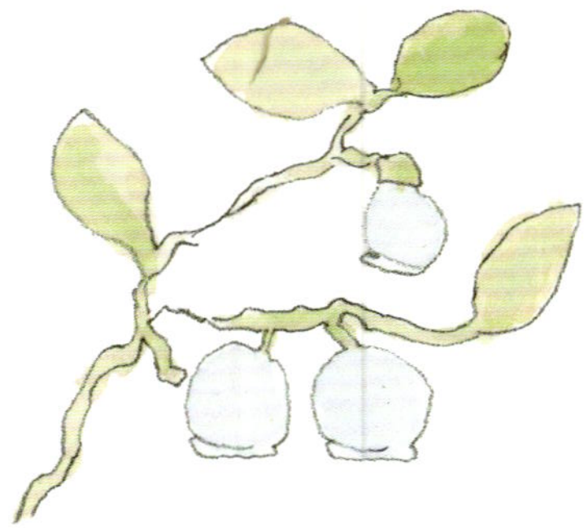 

Um fünf Uhr kann ich es kaum erwarten –
Ist Post gekommen – mit bunten Karten?
Gibt's heute wohl Briefe mit schönen Marken?
Von Maria habe ich eine Schachtel so fein
dort lege ich alle Briefmarken rein.
Mein Brieffreund schickt ein Paket aus Kalmar
Und da - eine Karte von Onkel Hjalmar.

When the clock strikes five I am on tip-toes: Will there be exciting stamps on my post?
I keep them all in a box so pretty – a gift from cousin Maria in the city.
Look, here is a parcel from a pen friend in Kalmar and a postcard from Siv and dear old uncle Hjalmar.

LINA
PER
Mia & Ove
PETER
TORA

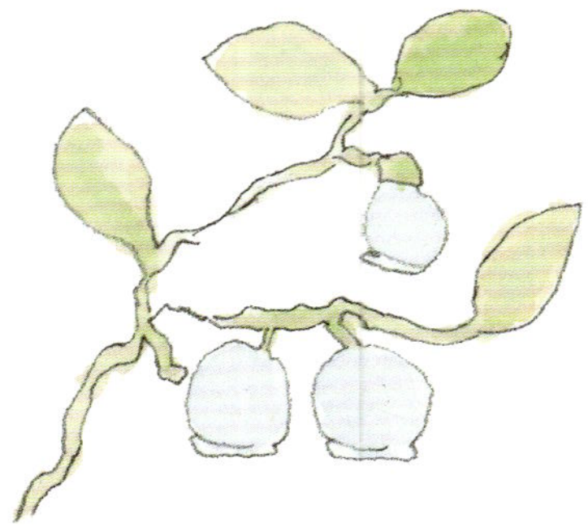

Um sechs Uhr habe ich oft liebe Gäste,
zum Spieleabend gibt's nur das Beste.
Wir singen und lachen und spielen Karten,
wenn wir beim Ofen auf Pfannkuchen warten.
Dazu gibt es Blaubeeren und Nüsse mit Schokolade –
dass alles so schnell auf ist, ist allerdings schade.

At six the knocker goes rat-tat-tat: my friends have come round for cards and a chat.
In the kitchen we sit and laugh and play, the stove is so warm we're all cosy and gay.
On the table there are chocolate and nuts and blueberries. Games and good company always make me merry.

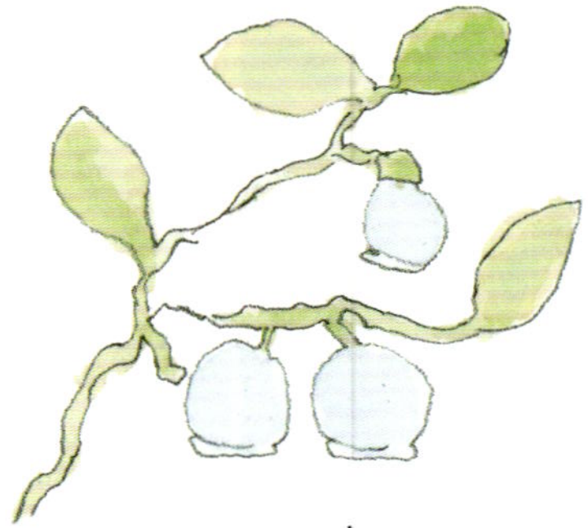

Wenn es dann spät wird und die Uhr sieben zeigt,
mahne ich mich selbst: Jetzt ist Schlafenszeit!
Ich hole den Stuhl von der Veranda, klappe den Sonnenschirm zu,
fahre die Schubkarre in den Schuppen, der rote Ball hat jetzt Ruh.
Ich schließe die Tür, zieh die Vorhänge vor
und im Teich quaken Frösche den Abendchor.

At seven, when the evening comes, I tell myself, 'Bedtime, little one,'
Put the garden chair and the barrow in the shed, close the umbrella, bring in my ball so red.
Then I draw the curtains and lock the front door and listen to the evening song of the frog choir.

Zähne putzen gehe ich um acht,
ich putze sie gründlich, so lang bis sie funkeln,
dann ist Zeit zum Schlafen, natürlich im Dunkeln.
Ich träume schon fast und lösche drum sacht
das Licht und sage den Sternen "Gut Nacht".

Eight o'clock is tooth-brushing time: I polish them all until they shine.
Now it's sleepy time, so I put out the light, begin to dream, and wish the stars good night.

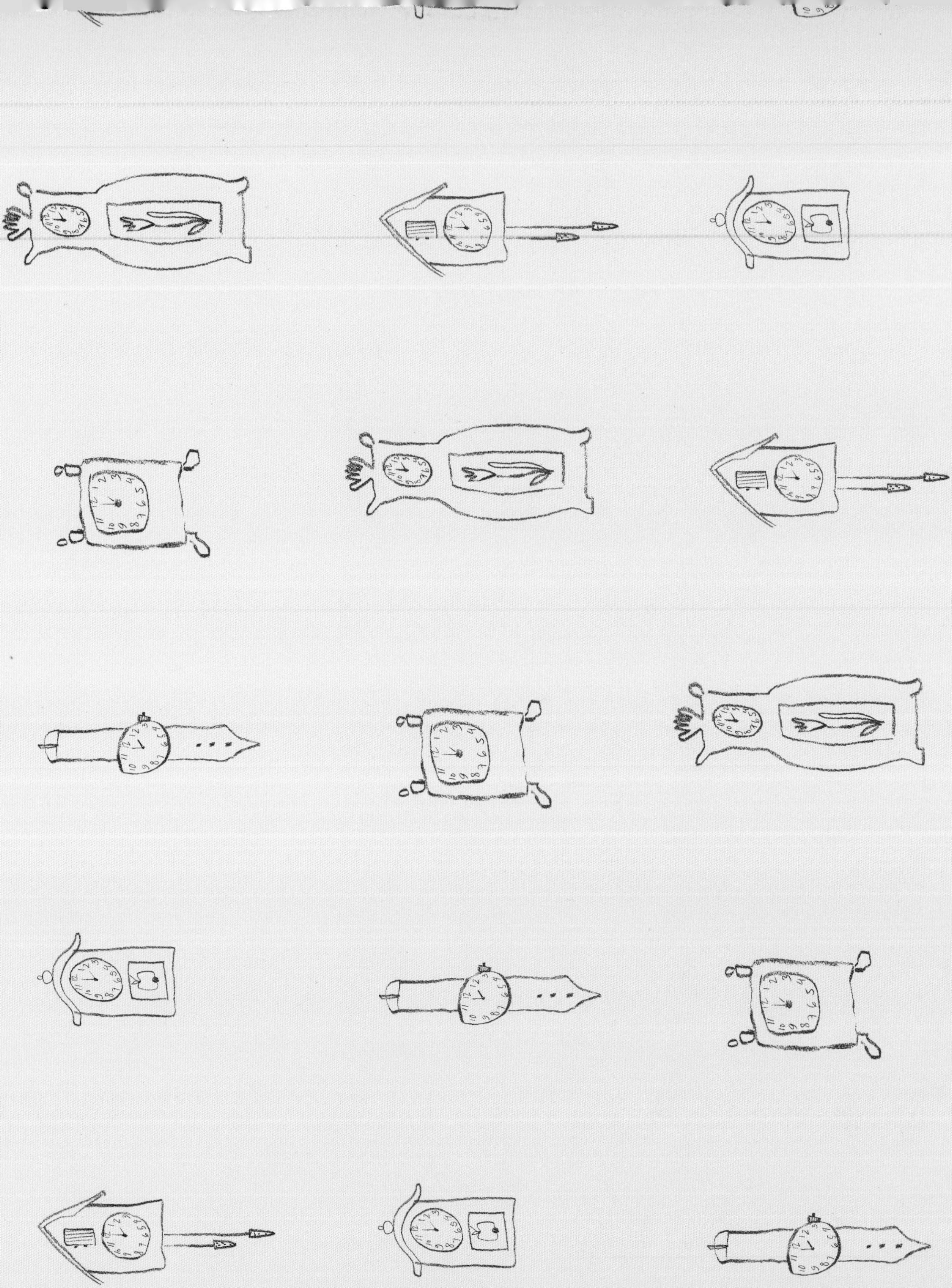